Pteranodon

Charles Lennie

ABDO
DINOSAURIOS
Kids

www.abdopublishing.com

Published by Abdo Kids, a division of ABDO, PO Box 398166, Minneapolis, Minnesota 55439.

Copyright © 2015 by Abdo Consulting Group, Inc. International copyrights reserved in all countries. No part of this book may be reproduced in any form without written permission from the publisher.

Printed in the United States of America, North Mankato, Minnesota.

072014

092014

 THIS BOOK CONTAINS RECYCLED MATERIALS

Spanish Translators: Maria Reyes-Wrede, Maria Puchol

Photo Credits: Alamy, AP Images, Shutterstock, Thinkstock, © User: HombreDHojalata / CC-BY-SA-3.0 p.5, © User: Rama / CC-BY-SA-2.0 FR p.7, © User:mmechtley / CC-BY-SA-2.0 p.11, © Matt Martyniuk / CC-BY-3.0 p.21, © User:Smokeybjb / CC-BY-SA-3.0 p.21

Production Contributors: Teddy Borth, Jennie Forsberg, Grace Hansen

Design Contributors: Candice Keimig, Laura Rask, Dorothy Toth

Library of Congress Control Number: 2014938840

Cataloging-in-Publication Data

Lennie, Charles.

[Pteranodon. Spanish]

 Pteranodon / Charles Lennie.

  p. cm. -- (Dinosaurios)

ISBN 978-1-62970-317-6 (lib. bdg.)

Includes bibliographical references and index.

1. Pteranodon--Juvenile literature.   2. Spanish language materials—Juvenile literature.   I. Title.

567.918--dc23

2014938840

Contenido

Pteranodon

El Pteranodon vivió hace muchos años. Vivió hace 75 millones de años.

Al Pteranodon se lo
considera un reptil.
Vivió con los dinosaurios.

El Pteranodon tenía alas
grandes. Podía volar batiendo
las alas o **planeando**.

8

9

Tenía una cresta grande en la cabeza. Era su característica más singular.

Caza y alimentación

El Pteranodon tenía

un **pico** largo. Lo usaba

para atrapar peces.

12

El Pteranodon no tenía dientes. Seguramente se tragaba los peces enteros.

Anidar

El Pteranodon probablemente hacía nidos.

Ponía huevos.

Cuidaba a sus crías.

18

Fósiles

Se han encontrado **fósiles**

de Pteranodon en Norteamérica.

También se los ha encontrado

en Inglaterra.

Norteamérica

Inglaterra

Más datos

- El primer **fósil** de Pteranodon se encontró en Kansas en 1876.

- El Pteranodon medía 6 pies (1.8 m) de alto y 6 pies (1.8 m) de largo.

- Sus alas podían medir hasta 24 pies (7.3 m) de largo.

- El Pteranodon tenía garras largas y afiladas. Sin embargo, seguramente su mejor defensa contra los **depredadores** era poder volar.

Glosario

cresta – copete de piel en la cabeza de un ave u otro animal.

depredador – animal que come otros animales para subsistir.

fósil – restos de un ser vivo, puede ser una huella o un esqueleto.

pico – parte de la boca que sobresale.

planear – flotar con las corrientes de aire.

reptil – animal de sangre fría que tiene escamas. Generalmente pone huevos en la tierra. Las serpientes, las lagartijas y las tortugas son reptiles.

singular – poco común.

Índice

abdokids.com

¡Usa este código para entrar a abdokids.com y tener acceso a juegos, arte, videos y mucho más!

Código Abdo Kids:
DPK0236